BEI GRIN MACHT SICH IHR WISSEN BEZAHLT

- Wir veröffentlichen Ihre Hausarbeit,
  Bachelor- und Masterarbeit

- Ihr eigenes eBook und Buch -
  weltweit in allen wichtigen Shops

- Verdienen Sie an jedem Verkauf

Jetzt bei www.GRIN.com hochladen und kostenlos publizieren

Johannes Preusker

Der Krieg und die Philosophie

GRIN Verlag

Bibliografische Information der Deutschen Nationalbibliothek:

Die Deutsche Bibliothek verzeichnet diese Publikation in der Deutschen National-
bibliografie; detaillierte bibliografische Daten sind im Internet über http://dnb.d-
nb.de/ abrufbar.

Impressum:

Copyright © 2013 GRIN Verlag GmbH
Druck und Bindung: Books on Demand GmbH, Norderstedt Germany
ISBN: 978-3-656-62950-4

Dieses Buch bei GRIN:

http://www.grin.com/de/e-book/271809/der-krieg-und-die-philosophie

Essay: Der Krieg und die Philosophie

In diesem Essay geht es um die Frage, welcher Zusammenhang zwischen den Kriegserfahrungen und dem Werk eines Philosophen besteht. Ob der Ausspruch Heraklits vom Krieg als Vater aller Dinge[1] gewissermaßen zwischen den Zeilen der Denker gilt, wird zunächst an der Biographie und den Schriften *Platons* untersucht. Sein Geburtsjahr 428/27 v. Chr. fällt in die Zeit des Peloponnesischen Krieges zwischen Athen und Sparta, ein Konflikt mit damals weltweiten Ausmaßen. Er war ein Sohn von Ariston und Periktione, die wiederum von dem athenischen Adeligen Solon abstammte. Als 404 v. Chr. Sparta den seit 431 v. Chr. tobenden Krieg siegreich beendete, zwang es das vormals demokratische Athen unter die oligarchische Herrschaft von dreißig Tyrannen. Zu diesem Herrscherzirkel gehörten auch der Vetter von Periktione, Kritias, und ihr Bruder Charmides. Platon, obzwar ein gebürtiger Vertreter der Aristokratie, war doch in die demokratische Ordnung hineingewachsen. Dahingehend ist anzunehmen, dass er in dem spartanischen Nachkrieg gegen tausende potenzielle Oppositionelle zwischen beiden Ordnungen hin- und hergerissen war. Nach der Beseitigung des Regimes der Sieger hatte Platon 403 v. Chr. seine Verwandten Kritias und Charmides als gefallene Soldaten zu betrauern, obschon Athen zur Demokratie zurückkehrte. Doch diese verurteilte wiederum Sokrates, Platons Lehrer und Vorbild, wegen Gottlosigkeit zum Tod durch den Schierlingsbecher. Aufgrund der Enttäuschung durch Oligarchie und Demokratie wandte sich Platon vom politischen Tagesgeschehen ab und unternahm insgesamt drei Reisen nach Sizilien, bevor er sich ab 360 v. Chr. als Lehrer in der von ihm geschaffenen Akademie niederließ.

In deren Gründungszeit war von 385 bis 370 v. Chr. der Dialog „Phaidon" entstanden, das deutlichste Zeugnis des platonischen Dualismus von Körper und Seele. Über der Idee einer Philosophenherrschaft brütend, geht Platon von folgenden Annahmen aus: Der Mensch ist mit einer unsterblichen Seele ausgezeichnet, die göttliche Wahrheit liegt im Jenseits, und der Tod als Trennung von Körper und Seele führt in die Schau der jenseitigen Wahrheit. Der Opponent dieses Projekts ist der Körper, „denn solange wir mit dem Körper behaftet sind und unsere Seele mit diesem Übel verwachsen ist, werden wir niemals in vollem Maße erreichen, wonach wir streben; es ist dies aber, wie wir behaupten, die Wahrheit. Denn tausenderlei Unruhe verursacht uns der Körper schon durch die notwendige Sorge für seine Ernährung; stellen sich aber außerdem noch Krankheiten ein, so hindern sie uns in der Jagd nach dem Seienden. Ferner erfüllt uns der Körper mit allerlei Liebesverlangen, mit Begierden und Ängsten und allerhand Einbildungen und vielerlei Tand, kurz er versetzt uns in einen Zustand, in dem man

---

[1] „Polemos pater panton" (πολεμός πατήρ παντῶν) Diels, Hermann / Kranz, Walther (Hrsg.): Die Fragmente der Vorsokratiker, Bd.1, Hildesheim 1992, S. 162, Fr. 53. Im Original: Πόλεμος πάντων μὲν πατήρ ἐστι […]

1

sozusagen gar nicht recht zur Besinnung kommt. Denn auch Kriege, Aufruhr und Schlachten sind allein eine Folge des Körpers und seiner Begierden. Denn um den Erwerb von Geld und Gut handelt es sich bei der Entstehung aller Kriege, Hab und Gut aber sehen wir uns gezwungen zu erwerben um des Körpers willen, dessen Ansprüche befriedigt sein wollen. Aus allen diesen Gründen haben wir keine Muße zur Philosophie.“[2] Hier provoziert das Körperliche mit seiner materiellen Bedürftigkeit den Konflikt und entsetzt die Seele mit Hunger, Krankheit, Raffgier und Furcht als den Begleiterscheinungen des Krieges. Es zeugt von großer Zerrissenheit, Erschöpfung und Resignation Platons, dass er im Blick auf den Peloponnesischen Krieg sowie die demokratisch-oligarchischen Wirren sogar den eigenen Körper anklagt und in seiner Seele den Tod als Erlösung antizipiert. Dabei dürfen wir uns diesen Denker nicht als gebrechlichen Schöngeist vorstellen: Sein Name bedeutet „der Breitschultrige“[3], und in die Geschichte Olympias ging er als zweimaliger Sieger im brutalen Pankration ein.[4]

Circa 19 Jahrhunderte nach Platons Tod kam ein englischer Philosoph zur Welt, der den Peloponnesischen Krieg besonders durch seine Übersetzung des griechischen Historikers Thukydides (454-396 v. Chr.) rezipierte: *Thomas Hobbes* (1588-1679). Bereits dessen Geburt stand unter dem Zeichen der Kriegsfurcht, als 1588 in Westport bei Malmesbury eine Bäuerin wegen der herannahenden Kriegsflotte Spaniens zu früh von ihrem Sohn entbunden werden musste. Dieser schrieb später sogar, seine Mutter habe Zwillinge zur Welt gebracht, ihn und die Furcht.[5] Die spanische Flotte unterlag, doch 1642 entbrannte im Inneren Englands ein Bürgerkrieg zwischen Krone und Parlament, der Hobbes in seiner absolutistischen Gesinnung zur Flucht nach Frankreich trieb. Dort wiederum sah er sich mit einem konfessionellen Bürgerkrieg konfrontiert, sodass Hobbes nach 10 Jahren Exil zwischen katholischen und protestantischen Fronten erneut fliehen musste, zurück nach England. Hier schloss er sich 1653 dem Parlament an. Auch dieser Philosoph lehrt einen Dualismus von Körper und Seele: „Affekte oder Störungen des Geistes sind Arten des Begehrens oder Meidens, die sich nach der Verschiedenheit der Objekte, die wir begehren oder meiden, und nach den Umständen unterscheiden. Störungen heißen sie, weil sie zumeist die ruhige und richtige Überlegung aufheben, indem sie, entgegen unserem wahren Besten, ein Gut uns vorgaukeln, das sich gewöhnlich, nach allseitiger und ruhiger Überlegung, als Übel erweist.“[6] Unter der Überschrift des Men-

---

[2] Platon: Phaidon, übers. von Otto Apelt (= Platon. Sämtliche Dialoge, Bd.2), Hamburg 1993, S. 42.
[3] Internetquelle: http://www.pankra-gym.de/angebot/kampfsport/pankration, letzter Zugriff: 26.06.2013, 13:48 Uhr.
[4] „Platys“ (πλατύς) heißt „breit“ und „breitschultrig“.
[5] Münkler, Herfried: Thomas Hobbes, Frankfurt am Main 2001, S. 27.
[6] Hobbes, Thomas: Lehre vom Menschen, in: Ders.: Grundzüge der Philosophie, Bd.2, Leipzig 1949, S. 1-55, S. 28.

schen als Wolf für den Menschen[7] wendet Hobbes den Dualismus zu einem politischen Prozess, der gewissermaßen vom Krieg der Körper zum Vertrag der Seelen verläuft.[8]

Auf einer Bildungsreise nach Paris hatte er Bekanntschaft mit *René Descartes* (1596-1650) gemacht, dessen Leben bis auf wenige Jahre durchgehend vom Dreißigjährigen Krieg begleitet wurde[9]: Nachdem er von 1618 bis 1619 die Militärschule des Moritz von Nassau in Holland besucht hatte, kam er wie ein mehr oder weniger involvierter Kriegstourist durch Polen, Ungarn, Österreich und Böhmen. Dort wurde er 1620 als Söldner im katholischen Heer Maximilians von Bayern Augenzeuge der Schlacht am Weißen Berg, und auch in die folgende Eroberung des protestantischen Prags war Descartes eingebunden. Bezeichnenderweise verstärkt dieser Philosoph, der entgegen Platon und Hobbes direkte Kriegserfahrungen gemacht hat, die psychosomatische Zweiteilung zu einem fundamentalen Dualismus der Substanzen Materie und Geist, „res extensa" und „res cogitans"[10]. Das begriffliche Instrumentarium zur Entwicklung dieser Lehre hatte Descartes im Jesuitenkolleg von La Flèche verinnerlicht. Der Orden der Jesuiten geht wiederum auf *Ignatius von Loyola* (1491-1556) zurück. Er war ein baskischer Offizier, dem 1521 bei der Verteidigung von Pamplona gegen französische Truppen eine Kanonenkugel das Bein zerschmetterte, worauf er sich ganz der Theologie zuwandte, die besagte Gesellschaft Jesu gründete und 1548 ein wegweisendes Exerzitienbuch vollendete.

Der sich mit Platon, Hobbes, Descartes und Ignatius von Loyola abzeichnende Zusammenhang zwischen biographischer Kriegserfahrung und philosophischer Spaltung in Körper und Seele stimmt mit dem genetischen Ansatz des Leibphänomenologen Gernot Böhme (geb. 1937) überein. Danach steht die Fragmentierung der leiblichen Erfahrung in die Phänomenbezirke Seele und Körper unter der Vorbedingung eines innerlich zerrissenen Menschen.[11] – Und was kann diesen gründlicher brechen als der Krieg, der Vater aller Neurosen? Der Dualismus ist aber nicht nur ein Erfahrungsmodus, sondern bringt als fortgeschriebene und verfeinerte Lehre auch etliche Vorteile im Kampf selbst: die Distanz zum Schmerz, die Erhebung über den Körper, die Verdichtung der Gedanken und die Beförderung schneller Entscheidungen.

---

[7] Hobbes Thomas: Lehre vom Bürger, in: Ders.: Grundzüge der Philosophie, Bd.2, Leipzig 1949, S. 57-328, S. 59.

[8] Vgl. Geyer, Paul: Die Entdeckung des modernen Subjekts. Anthropologie von Descartes bis Rousseau, Tübingen 1997, S. 78.

[9] Prechtl, Peter: Descartes zur Einführung, Hamburg 2000, S. 19.

[10] Descartes, René: Meditationen über die Grundlagen der Philosophie, übers. von Artur Buchenau, Hamburg 1994, S. 146.

[11] Böhme, Gernot: Leibsein als Aufgabe. Leibphilosophie in pragmatischer Hinsicht, Kusterdingen 2003, S. 52.